딩 딩 바 이 블 청 소 년 양 육 시 리 즈

양육 1년차 4

십대를 창조하라

|이 대 희 지음|
예즈덤성경교육원 편

엔크리스토

저자 이대희 목사

장로회신학대학교 신학대학원(M.Div)과 연세대학교 연합신학대학원(Th.M)을 졸업하고 에스라성경대학원대학교에서 성경학박사(D.Liit) 과정을 마쳤다. 예장총회교육자원부 연구원과 서울장신대 교수와 겸임교수를 역임했으며, 분당에 소재한 대안학교인 독수리 기독중고등학교에서 청소년에게 성경을 수년 동안 가르쳤다. 극동방송에서 〈알기 쉬운 성경공부〉〈기독교 이해〉〈크리스천 가이드〉〈전도왕백서〉〈습관칼럼〉 등 신앙양육 프로그램을 진행했다. 저자는 성경공부와 성경교육 전문사역자로 지난 25여 년 동안 성서사람·성서교회·성서한국·성서나라의 모토를 가지고 한국적 성경교육과 실천사역을 위한 집필과 세미나, 강의사역 등을 하고 있다. 현재 바이블미션 대표와 예즈덤성경교육원 원장, 꿈을주는교회 담임목사로 있다. 저서로는 『30분 성경공부』 시리즈, 『아름다운 십대 성경공부』 시리즈, 『투데이 성경공부』 시리즈, 『틴꿈십대 성경공부』 시리즈, 『인성과 창의력을 중시하는 유대인의 탈무드식 자녀교육법』, 『이야기대화식 성경연구』, 『성품성경공부』 시리즈, 『맛있는 성경공부』, 『맥잡는 기도』, 『전도왕백서』, 『자녀 축복 침상 기도문』, 『누구나 쉽게 배우는 쉬운 기도』, 『예즈덤 성경영재교육』, 『크리스천이여 습관부터 바꿔라』 등 200여 권의 저서가 있다.

e-mail: ckr9191@hanmail.net

딩딩바이블 청소년 양육 시리즈 **십대를 창조하라**

초판1쇄 발행일 | 2013년 10월 31일
초판2쇄 발행일 | 2017년 7월 21일

지은이 | 이대희
펴낸이 | 김학룡
펴낸곳 | 엔크리스토
마케팅 | 이동석, 유영진
관리부 | 신순영, 정재연, 박상진, 김정구

출판등록 | 2004년 12월 8일(제2004-116호)
주소 | 경기도 고양시 일산동구 장대길 74-10
이메일 | 9191@korea.com
공급처 | 기독교출판유통
전화(031) 906-9191 팩스0505-365-9191

ISBN 979-11-5594-003-7 04230

* 잘못된 책은 바꾸어 드립니다.
* 책값은 뒤표지에 있습니다.

* 이 교재의 사용방법·내용·교육·강의와 세미나에 대한 문의는 예즈덤성경교육원(02-403-0191, 010-2731-9078. http://cafe.naver.com/je66)으로 해주세요. 매주 월요일에 성경대학 지도자 훈련코스가 있습니다(개관반·책별반·주제반·성경영재교육반). 1년에 4학기(봄, 여름, 가을, 겨울)로 운영됩니다.

딩딩바이블 청소년 양육 시리즈를 펴내면서…

딩딩바이블은 그동안 10여 년 넘게 한국 교회 베스트 교재로 많은 사랑을 꾸준히 받아 온 〈아름다운 십대 성경공부〉 시리즈를 보완 발전시켜 새로운 모습으로 탄생된 청소년 양육 시리즈입니다. 지금 한국 교회는 다음 세대를 키우지 못하면 미래가 없습니다.

다음 세대를 효과적으로 키우는 데 딩딩바이블 청소년 양육 시리즈는 크게 기여할 것입니다. 그동안 교회 안에서만 이루어졌던 말씀 교육을 발전시켜 가정, 학교, 생활(주일, 주말, 주간, 방학)을 통합하여 전인적인 교육을 이루는 데 초점을 두었습니다. 세상을 이기기 위해서는 부분보다 통합적, 지식보다 지혜 중심의 양육이 필요합니다.

특히 청소년 시기는 인생과 신앙의 기초를 다져주는 아주 중요한 때입니다. 이때에 꼭 필요한 과정을 잘 양육하면 평생 승리하는 인생을 살 수 있습니다. 청소년들의 눈높이에 맞추어 흥미롭게, 간단하고 쉽게, 깊고 명료하게 삶의 실천을 염두에 두고 전체 내용을 구성했습니다. 5천 년 동안 성경교육으로 세계를 지배하고 있는 유대인의 성경 탈무드 교육보다 더 나은(마 5:20) 한국인에 맞는 복음적인 말씀양육 시리즈가 되길 기도합니다.

저자 이대희

•딩딩바이블 청소년 양육 시리즈 특징•

1. 말씀 중심이다 성경 구절을 찾는 인위적 공부방식에서 탈피하여 본문을 중심으로 성경 전체를 핵심구절로 연결하여 하나님의 본래 의도를 찾도록 구성되었습니다.

2. 흥미롭다 도입 부분을 십대들의 관심에 맞추어 흥미로운 만화와 삽화로 구성하여 시각적 효과를 높였습니다. 그림과 질문은 닫힌 마음을 열게 하는 효과가 있습니다.

3. 쉽다 성경공부를 설명식(헬라식)으로 하면 점점 어려워집니다. 그러나 본문 속에서 질문식(히브리식)으로 하면 누구나 쉽게 답할 수 있습니다. 교사가 일방적으로 주입하는 가르침이 아닌 본문의 말씀이 말하는 것을 듣는 방식으로 구성되었기에 교사와 학생이 모두 쉽게 공부할 수 있습니다. 내가 말씀을 보는 것이 아니라 말씀이 나를 보게 해야 합니다.

4. 단순하다 6개의 질문(관찰: 4개, 해석: 1개, 적용: 1개)으로 누구나 즐겁게 성경공부에 참여할 수 있습니다. 30분 내외의 분반 시간에 끝낼 수 있도록 구성했습니다. 상황에 따라 꼬리질문을 확장할 수 있습니다.

5. 깊다 깊은 질문으로 말씀의 은혜를 경험할 수 있고 시간이 갈수록 말씀 속으로 빠져듭니다. 해석 질문은 영혼의 깨달음을 갖게 합니다(보통 십대 교재는 해석질문이 없습니다. 여기서 대화를 통한 깊은 나눔을 할 수 있습니다).

6. 균형있다 십대에 필요한 핵심 주제와 다양한 양육영역(성경·복음·정체성·신앙·생활·인성·공부·인물·습관)을 골고루 제시하여 균형잡힌 신앙성장을 갖도록 했습니다.

7. 명료하다 현실적으로 짧은 성경공부 시간에 여러 가지 내용을 다룰 수 없기에 한 가지 핵심적인 내용을 명료하게 다루어 분반 공부 효과를 극대화 하도록 했습니다.

8. 공부도 해결한다 성경공부를 통해 신앙과 더불어 학교공부(사고력·논리력·분석력·집중력·분별력·상상력)도 함께 키울 수 있도록 구성되었습니다.

9. 다양하다 주5일근무제에 맞추어 주일 분반공부, 토요주말학교, 가족밥상머리교육, 제자훈련 등 다양하게 사용할 수 있습니다.

10. 전인적이다 주일 하루만 하는 교육이 아니라 가정, 교회, 학교와 주일, 주말, 주간, 방학, 성인식을 통합하여 전 삶의 차원에서 적용할 수 있는 양육과정입니다.

•성경공부 진행 방법•

- 마음열기 시작하기 전에 그림과 만화를 통해 공부할 주제를 기대감과 흥미를 갖게 합니다.
- 말씀과 소통하기 오늘 성경본문에 대한 네 가지 질문을 하면서 본문과 소통을 합니다.
- 포인트 해당 본문의 핵심을 간단하게 정리해 줍니다.
- 말씀과 공감하기 본문 말씀 내용 중에 생각해야 할 문제를 관계된 다른 성경구절(말씀Tip)을 통하여 깊은 깨달음을 얻도록 돕는 과정입니다.
- 삶에 실행하기 깨달은 말씀의 교훈을 개인의 삶에 적용합니다.
- 실천을 위한 Tip 삶 속에서 실천할 수 있도록 구체적인 지침을 제공합니다.

|교회와 가정과 학교(주일·주말·주간·방학)를 통합한 1318 전인교육|

•딩딩바이블 청소년 양육 시리즈 전체 양육과정표•

중·고등부 6년 과정에 맞추어 4개 코스로 구성되었습니다. 양육 코스는 3년, 심화 코스는 3년, 성장 코스는 자유롭게 사용하도록 구성했습니다.
이것은 주간에 자기 주도적으로 습관화 하는 과정입니다. 성숙 코스는 방학에 사용하는 캠프용과 십대과정을 마무리하는 성인식이 있습니다.
'복음 코스'와 '성경 코스'는 교사와 학생이 공통으로 할 수 있는 특별과정입니다.

| 양육 코스 |

구분	코스		영역	1년차	2년차	3년차
주일	양육	1	복음	예수십대	복음뼈대	신앙원리
		2	정체성	나는 누구야	가치관이 뭐야	비전이 뭐야
		3	신앙	왜 믿니?	왜 사니?	왜 교회 나가니?
		4	생활	십대를 창조하라	유혹을 이겨라	세상을 리드하라

| 심화 코스 |

구분	코스		영역	1년차	2년차	3년차
주일 (주말)	심화	1	Q.A	신앙이 궁금해	교리가 궁금해	성경이 궁금해
		2	인성	인간관계 어떻게?	중독탈출 어떻게?	창의인성 어떻게?
		3	공부	공부법 정복하기	학교공부 뛰어넘기	인생공부 따라잡기
		4	인물	하나님人	예수人	성령人

| 성장 코스(자기주도 코스) |

구분	코스		영역	1년차	2년차	3년차
주일 (주말, 주간)	자기 주도	1	영성	말씀생활 읽기, 암송, 큐티	기도생활 기도, 대화	전도생활 증거, 모범
		2	습관	생활습관 음식, 수면, 운동	공부습관 공부, 시간, 플래닝	태도습관 태도, 성품

| 성숙 코스(마무리 코스) |

구분	코스		영역	1년차	2년차	3년차
방학	캠프	1	영재	신앙과 공부를 함께 해결하는 크리스천 영재 캠프 (3박4일)		
전체	성인식	2	전인	중등부 · 고등부 (성인식 통과의례 1, 2) - 예수사람 만들기		

• 복음 코스(교사와 학생 공통) •

구분	코스	영역	공통과정
모든 세대	복음	새신자	한눈에 보는 복음 이야기 (새신자 양육)
		불신자	세상에서 가장 기쁜 소식을 들어 보셨습니까? (대화식 전도지)

• 성경 코스(교사와 학생 공통) •

구분	코스	영역	공통과정
모든 세대	성경	구약	단숨에 꿰뚫는 구약성경관통
		신약	단숨에 꿰뚫는 신약성경관통

차례

한번은 겪어야 할 아픔입니다

십대를 흔히 사춘기라고 말합니다

새로운 세계에 눈뜨는 시기입니다

이성적으로, 신체적으로, 정신적으로, 성적으로

많은 것들을 알아가는 시기입니다

자기의 정체성을 확립하는 시기이기에

이때는 많은 혼란과 반항과 아픔이 있습니다

하지만 이것은 당연히 거쳐야 하는 인생의 과정입니다

이 시기는 모험을 두려워하지 않고

도전하고 자꾸 시도해 보고 싶은 시기입니다

자기 주도력이 생기는 시기입니다

인생의 소중한 시기입니다

그러므로 이 시기를 긍정적으로 잘 보내야 합니다

내 눈으로 보지 않고 하나님의 눈으로 보는 훈련이 필요합니다

성경적 가치관을 가지고 인생을 새롭게 보는 훈련을 한다면

평생 동안 닥치는 어려움을 잘 이길 수 있는 능력을 얻을 수 있습니다.

많은 유혹이 있지만

잘 이기면 놀라운 미래가 열리게 될 것입니다

"만일 너희 속에 하나님의 영이 거하시면 너희가 육신에 있지 아니하고 영에 있나니
누구든지 그리스도의 영이 없으면 그리스도의 사람이 아니라"(롬 8:9)

마음열기

1. 위의 그림은 사춘기에 나타나는 마음과 몸의 변화의 모습들입니다. 어떤
   내용인지 그림을 보고 설명해 보십시오.

2. 현재 십대 시기에 가장 고민되는 것들은 무엇이며, 그 이유는 무엇입니까?

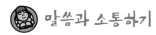

•로마서 12:1-3을 읽으세요.

1 그러므로 형제들아 내가 하나님의 모든 자비하심으로 너희를 권하
  노니 너희 몸을 하나님이 기뻐하시는 거룩한 산 제물로 드리라 이는
  너희가 드릴 영적 예배니라
2 너희는 이 세대를 본받지 말고 오직 마음을 새롭게 함으로 변화를
  받아 하나님의 선하시고 기뻐하시고 온전하신 뜻이 무엇인지 분별
  하도록 하라
3 내게 주신 은혜로 말미암아 너희 각 사람에게 말하노니 마땅히 생각
  할 그 이상의 생각을 품지 말고 오직 하나님께서 각 사람에게 나누
  어 주신 믿음의 분량대로 지혜롭게 생각하라

1. 우리의 몸을 날마다 어떻게 사용해야 합니까?(1)

2. 이 세상의 삶에서 십대들이 특별히 조심해야 할 일은 무엇입니까?(2)

3. 그리스도인 십대들이 변화해야 하고 분별해야 할 일이 있다면 그것은 무엇입니까?(2)

4. 시기와 질투가 많은 경쟁의 시대에서 십대들이 꼭 생각해야 할 일은 무엇입니까?(3)

•POINT•

그리스도인은 세상 사람과 구별된 삶을 살아야 합니다. 그렇게 하려면 분명한 믿음을 가지고 있어야 합니다. 분명한 그리스도인의 정체성이 없으면 구별된 삶을 살기 어렵습니다. 그리스도인은 세상에서 제사장과 같은 사명이 있음을 기억해야 합니다.

말씀과 공감하기

1. 사춘기에 일어나는 몸과 마음의 갑작스러운 변화를 어떻게 하면 잘 극복
   할 수 있는지 성경적 방법을 말해 보십시오.

 말씀 Tip

"너희는 너희가 하나님의 성전인 것과 하나님의 성령이 너희 안에 계시는
것을 알지 못하느냐"(고전 3:16)

"평강의 하나님이 친히 너희를 온전히 거룩하게 하시고 또 너희의 온 영과
혼과 몸이 우리 주 예수 그리스도께서 강림하실 때에 흠 없게 보전되기를
원하노라"(살전 5:23)

삶에 실행하기

1. 나는 현재 사춘기를 느끼고 있습니까, 아니면 아직 못 느꼈습니까? 또 이미 사춘기를 경험했습니까?

  서로의 생각과 어려운점과 고민과 느낌을 나누어 보십시오.

실천을 위한 Tip

사춘기를 잘 보내는 법

- 사춘기를 잘 보내기 위한 나의 계획을 말해 보십시오.

부모:

친구:

자신:

꿈:

공부:

02

이성 교제,
이렇게 하라

 마음열기

저는 제 옆의 짝꿍을
좋아하게 되었습니다.

중학교에 들어와서 첫 짝이었는데
그때부터 관심이 있었습니다.

그래서 사귀어 보고 싶은 생각이
들었습니다.

그러나 저는 용기가 없습니다.
저는 눈물도 많거든요.

편지를 쓸까 생각해 보았지만
왠지 애들에게 웃음거리가 될 것 같아

어찌 해야 할지
모르겠어요!

1. 위의 고민에 대해 나는 어떻게
   조언하겠습니까?

말씀과 소통하기

• 창세기 2:18-25을 읽으세요.

18 여호와 하나님이 이르시되 사람이 혼자 사는 것이 좋지 아니하니 내가 그를 위하여 돕는 배필을 지으리라 하시니라

19 여호와 하나님이 흙으로 각종 들짐승과 공중의 각종 새를 지으시고 아담이 무엇이라고 부르나 보시려고 그것들을 그에게로 이끌어 가시니 아담이 각 생물을 부르는 것이 곧 그 이름이 되었더라

20 아담이 모든 가축과 공중의 새와 들의 모든 짐승에게 이름을 주니라 아담이 돕는 배필이 없으므로

21 여호와 하나님이 아담을 깊이 잠들게 하시니 잠들매 그가 그 갈빗대 하나를 취하고 살로 대신 채우시고

22 여호와 하나님이 아담에게서 취하신 그 갈빗대로 여자를 만드시고 그를 아담에게로 이끌어 오시니

23 아담이 이르되 이는 내 뼈 중의 뼈요 살 중의 살이라 이것을 남자에게서 취하였은즉 여자라 부르리라 하니라

24 이러므로 남자가 부모를 떠나 그의 아내와 합하여 둘이 한 몸을 이룰지로다

25 아담과 그의 아내 두 사람이 벌거벗었으나 부끄러워하지 아니하니라

1. 하나님은 처음에 남자를 만들고 나서 다른 성(性)인 여성을 왜 만들었습니까?(18)

2. 하나님이 남자의 돕는 배필인 여자를 만드는 과정을 말해 보십시오.
  (20-22)

3. 여자가 아담에게 오니 아담이 여자를 보고 무엇이라 말했습니까?(23)

4. 결혼은 남자와 여자가 어떤 상태가 되는 것을 말합니까?(24-25)

•POINT•

하나님은 남자와 여자를 창조했습니다. 서로 다른 이성을 주셔서 결혼을 통해 한 몸
이 되게 하셨습니다. 결혼을 통해 세상은 아름답게 지금까지 유지되고 있습니다. 성
은 아름다운 하나님의 선물입니다. 아름답기에 더욱더 서로를 배려하고 귀하게 여기
는 자세가 필요합니다.

말씀과 공감하기

1. 이성 교제란 서로 다른 성을 알아가는 과정입니다. 말 그대로 교제하면서
   다른 성을 이해하고 나중에 올바른 결혼 상대자를 선택하기 위해 필요한
   과정이라 할 수 있습니다.
   그리스도인 십대가 이성 교제를 할 때 어떤 원칙 속에서 해야 합니까?

 말씀 Tip

"너희는 믿지 않는 자와 멍에를 함께 메지 말라 의와 불법이 어찌 함께 하
며 빛과 어둠이 어찌 사귀며 그리스도와 벨리알이 어찌 조화되며 믿는 자
와 믿지 않는 자가 어찌 상관하며"(고후 6:14-15)

"내가 너에게 하늘의 하나님, 땅의 하나님이신 여호와를 가리켜 맹세하게
하노니 너는 내가 거주하는 이 지방 가나안 족속의 딸 중에서 내 아들을
위하여 아내를 택하지 말고 내 고향 내 족속에게로 가서 내 아들 이삭을
위하여 아내를 택하라"(창 24:3-4).

"하나님이 지으신 그 모든 것을 보시니 보시기에 좋았더라"(창 1:31)

🙂 삶에 실행하기

1. 나의 이성관을 말해 보십시오. 공부와 이성 교제는 어떻게 조화를 가져야
   한다고 봅니까?

실천을 위한 Tip 🙂

나는 어떤 이성 친구를 사귀기 원합니까?
우선순위를 정해 이야기해 보십시오.

( ) 신뢰할 수 있고 믿음직하다

( ) 재능(체육, 미술, 음악, 예능)이 있다

( ) 성격이 좋다   ( ) 신앙심이 좋다

( ) 마음이 통한다   ( ) 공부를 잘한다

( ) 얼굴이 잘생겼다 ( ) 놀기를 잘한다

( ) 나를 잘 이해해 준다 ( ) 명랑하고 유머감각이 있다

( ) 이야기를 잘한다 ( ) 가정환경이 좋다

( ) 솔직하다   ( ) 목표가 분명하다

잠깐 쉼터

십대가 이성 교제 중에
성적 유혹을 뿌리치는 명쾌한 응답 10가지
| 이런 속삭임은 마귀가 친구를 이용하여 유혹하는 소리다 |

1. 유혹 "이런 건 누구나 다 알고 있는 건데 뭘 그러니?"
   응답 "하지만 난 그렇게 할 수 없어! 난 달라. 난 어엿한 하나님을 믿는 자녀라고. 그리고 난 정말 모두가 다 그렇게 알고 있다고는 믿지 않아. 말이 그럴 뿐이지."

2. 유혹 "네가 날 사랑한다면 내 청을 거부하지 않을 거야."
   응답 "만일 네가 날 진정으로 사랑한다면 내 의사를 존중해 주어야 해. 그리고 원하지 않는 일을 억지로 강요하지도 않겠지?"

3. 유혹 "내 청을 들어주지 않으면 너와 절교하겠어."
   응답 "네 생각이 정 그렇다면 나는 널 못 만나게 되겠지. 난 무척 슬플 거야. 그렇지만 어쩔 수 없는 일이지 뭐. 그것이 만남의 목적이라면 나도 기꺼이 그만 두겠어."

4. 유혹 "이런 경험을 통해서 우린 성장하게 되는 거야."
   응답 "이런 경험을 한다고 해서 우리가 성장하게 되는 건 아니야. 오히려 자기 신념에 따라 선택을 하고 또 그 선택한 바를 충실히 실현시켜 나갈 때 성장하게 되는 거라고 생각해."

5. 유혹 "난 미래에 너와 결혼할 생각이란 말이야."
   응답 "난 아직 결혼에 대해 생각해 본 일이 없어. 난 그 전에 해보고 싶은 일도 많고, 배워두고 싶은 것도 많아. 난 더 나이가 들 때까지 기다리겠어."

6. 유혹 "우린 지난번에 약속했잖아? 그런데 이제 와서 거부하는 이유가 뭐야?"
   응답 "그건 내 자유야. 마음이 변했어. 난 결혼할 때까지 기다릴 거야."

7. 유혹 "어때, 궁금하지? 한번 경험해 보고 싶지 않니?"
   응답 "그건 충분한 이유가 못 된다고 생각해. 단지 호기심 때문에 그렇게 하는 건 좋지 않다고 생각해. 미안해! 언제나 너무 빠른 것은 좋지 못해. 난 기다릴 거야."

8. 유혹 "내가 책임질게. 난 너와 결혼할 거니까 말이야."
   응답 "난 그런 이유로 나를 맡기고 싶진 않아. 나를 책임질 분은 주님밖에 없다고. 그리고 난 결혼할 마음도 아직은 없어."

9. 유혹 "우리 불장난이라는 게 뭔지 한번 뛰어들어 보자. 텔레비전과 영화에서처럼 말이야."
   응답 "텔레비전이나 영화는 잠깐 동안 눈에 비치는 가상의 환상일 뿐이야. 진정한 삶의 모습이 아니란 말이야. 그것에 내 인생을 맡길 수야 없지."

10. 유혹 "네 친구들도 다 그렇게 하지 않니? 너만 외톨이란 말이야."
    응답 "저마다 자기 생각대로 살아가는 것 아니겠어? 난 내 생각대로 살 거야. 그리고 이것은 하나님이 원하시는 게 아니야. 난 기다리기로 결심했어. 이 결심은 변치 않을 거야."

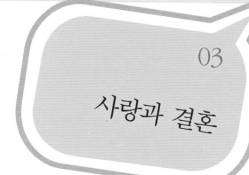

03

사랑과 결혼

 마음열기

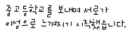

1. 만약 민영이와 세희가 부모님을 속이고 여행을 떠난다면 어떤 일이 생길까요?

21

2. 사랑과 결혼을 쉽게 생각하는 민영이의 문제점은 무엇입니까?

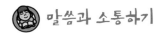 말씀과 소통하기

•마가복음 10:6-9을 읽으세요.

6 창조 때로부터 사람을 남자와 여자로 지으셨으니
7 이러므로 사람이 그 부모를 떠나서
8 그 둘이 한 몸이 될지니라 이러한즉 이제 둘이 아니요 한 몸이니
9 그러므로 하나님이 짝지어 주신 것을 사람이 나누지 못할지니라 하
  시더라

1. 하나님은 처음 사람을 어떻게 만드셨습니까?(6)

2. 결혼을 하기 위해서는 일차적으로 어떻게 해야 합니까?(7)

3. 결혼을 의미하는 단어를 찾아 말해 보십시오.(8)

4. 결혼은 누가 짝지어 주는 것입니까? 결혼한 사람이 헤어질 수 없는 이유
   는 무엇입니까?(9)

●POINT●

결혼은 인간의 선택이 아니라 하나님이 짝지어 주신 것을 받아들이는 것입니다. 하
나님의 선물로 배우자를 만나면 귀하게 여깁니다. 그럴 때 쉽게 이혼하지 않습니다.
나의 짝은 하나님이 예비해 주셨습니다. 그것을 찾는 준비와 지혜가 필요합니다.

말씀과 공감하기

1. 남녀가 사랑하면 나중에 결혼(한 몸이 되는 것)하게 됩니다. 하나님이 원하
   시는 진정한 사랑의 모습은 무엇인지 말해 보십시오. 아울러 성공적인 결
   혼을 위해서 십대인 우리는 어떻게 준비해야 할까요?

말씀 Tip

"사랑은 오래 참고 사랑은 온유하며 시기하지 아니하며 사랑은 자랑하지
아니하며 교만하지 아니하며 무례히 행하지 아니하며 자기의 유익을 구하
지 아니하며 성내지 아니하며 악한 것을 생각하지 아니하며 불의를 기뻐
하지 아니하며 진리와 함께 기뻐하고 모든 것을 참으며 모든 것을 믿으며
모든 것을 바라며 모든 것을 견디느니라"(고전 13:4-7)

"누구든지 이런 것에서 자기를 깨끗하게 하면 귀히 쓰는 그릇이 되어 거룩
하고 주인의 쓰심에 합당하며 모든 선한 일에 준비함이 되리라 또한 너는
청년의 정욕을 피하고 주를 깨끗한 마음으로 부르는 자들과 함께 의와 믿
음과 사랑과 화평을 따르라"(딤후 2:21-22)

 삶에 실행하기

1. 내가 생각하는 사랑관과 결혼관을 말해 보십시오.

- 이웃 사랑

- 친구 사랑

- 이성 사랑

- 결혼에 대해서

실천을 위한 Tip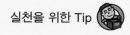

사랑과 결혼의 법칙

하나님이 기뻐하시는 이성의 사랑과 행복한 결혼을 위해서 내가 지금부터 준비하고 훈련해야 할 사항과 원칙을 적어 보십시오.

- 사랑의 원칙:

- 결혼의 원칙:

- 준비사항:

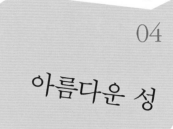

04

아름다운 성

마음열기

언제부터인가 성에 대해
관심을 가지게 되었습니다.

장범이게
더 크더라~

크크 어떻게
본 거야?

소변볼 때

짓궂다

성에 대한 얘기가 나오면
괜히 가슴이 두근 거리는 것이
저의 솔직한
심정입니다.

쿵쿵쿵...

전 별로 예쁘지도 않고
외모에 대해 불만과 부끄러움을
갖고 있기 때문에

넌 누구니?

거울...

'이성'이란 말은
나와는 거리가 멀다고
생각해 왔습니다.

거리

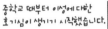

중학교 때부터 이성에 대한
호기심이 생기기 시작했습니다.

지희 안녕?

잘 생겼다...

제겐 6학년 때 같이 지내던
남자친구 몇 명이 있습니다.

헉 이성의
감정이 생기네,
어쩌지?

지희,
잘 지내지?

이상한 상상...

성이란 잘 사용하면
아름다운 것이지만
그렇지 못하면 무서운
것이야.

네
엄마.

무슨 소린지
통 모르겠어...

지금 저는 가능한 한 성을
멀리 하려고만 하고 있습니다.

지... 지희야!

솔직히 성에 대해 궁금하기도
하지만 괜히 무섭다는 생각도
듭니다. 과연 성이 무언지, 이성은
우리에게 어떤 영향을 주는지,
그리고 나는 어떻게
행동해야 하는지에 대해
알고 싶습니다.
〈고민소녀 올림〉

1. 나는 성에 대해서 어떻게 생각합니까?

   왜 사람들은 성을 금기하면서도 실제로는 많은 관심을 갖게 됩니까?

 말씀과 소통하기

• 창세기 1:26-31을 읽으세요.

26 하나님이 이르시되 우리의 형상을 따라 우리의 모양대로 우리가 사
   람을 만들고 그들로 바다의 물고기와 하늘의 새와 가축과 온 땅과
   땅에 기는 모든 것을 다스리게 하자 하시고
27 하나님이 자기 형상 곧 하나님의 형상대로 사람을 창조하시되 남자
   와 여자를 창조하시고
28 하나님이 그들에게 복을 주시며 하나님이 그들에게 이르시되 생육
   하고 번성하여 땅에 충만하라, 땅을 정복하라, 바다의 물고기와 하
   늘의 새와 땅에 움직이는 모든 생물을 다스리라 하시니라
29 하나님이 이르시되 내가 온 지면의 씨 맺는 모든 채소와 씨 가진 열
   매 맺는 모든 나무를 너희에게 주노니 너희의 먹을거리가 되리라
30 또 땅의 모든 짐승과 하늘의 모든 새와 생명이 있어 땅에 기는 모든
   것에게는 내가 모든 푸른 풀을 먹을거리로 주노라 하시니 그대로 되
   니라
31 하나님이 지으신 그 모든 것을 보시니 보시기에 심히 좋았더라 저녁
   이 되고 아침이 되니 이는 여섯째 날이니라

1. 하나님은 자기의 형상대로 사람을 만드시되 어떻게 만드셨습니까?
   (26-27)

2. 하나님이 주신 이성(서로 다른 성)이 서로 만나 한 몸이 될 때 어떤 축복이
   일어납니까?(28)

3. 성관계를 통하여 태어난 사람들은 하나님의 어떤 명령을 수행해야 합니
   까?(28)

4. 하나님이 만드신 성과 세상의 모든 것에 대해서 하나님은 어떤 평가를 내
   리셨습니까?(31)

•POINT•

성은 하나님이 창조하신 것입니다. 성은 사람이 사용하기에 따라 추하기도 하고 아
름답기도 합니다. 성을 사용할 때 인간의 욕망이 아닌 하나님의 방법대로 사용하는
것이 중요합니다. 십대들은 이것을 미리 잘 배워 잘못된 성관계를 갖는 것을 조심해
야 합니다.

말씀과 공감하기

1. 성은 하나님이 주신 아름다운 선물입니다. 그럼에도 인간들은 성을 죄악
   시하고 더럽게 보며 숨기는 경향이 있는데 왜 그렇다고 생각합니까? 그리
   고 잘못된 성관계는 어떤 것인지 이야기해 보십시오.

 말씀 Tip

"나는 너희에게 이르노니 음욕을 품고 여자를 보는 자마다 마음에 이미 간
음하였느니라 만일 네 오른 눈이 너로 실족하게 하거든 빼어 내버리라 네
백체 중 하나가 없어지고 온 몸이 지옥에 던져지지 않는 것이 유익하며 또
한 만일 네 오른손이 너로 실족하게 하거든 찍어 내버리라 네 백체 중 하나
가 없어지고 온 몸이 지옥에 던져지지 않는 것이 유익하니라"(마 5:28-30)

"모든 사람은 결혼을 귀히 여기고 침소를 더럽히지 않게 하라 음행하는 자
들과 간음하는 자들을 하나님이 심판하시리라"(히 13:4)

잠깐 쉼터
- 올바른 성관계에 대한 성경적 지침(고전 7:2-5, 잠언 5:15-19)
- 성경에 소개된 잘못된 성관계의 다양한 사례
  다나의 강간 이야기(창 34장), 다말의 근친상간 이야기(창 38장), 보디발의 아내 유혹 이야기(창 39:6-
  21), 소돔에서 일어난 동성애 이야기(창 19장), 아버지와 딸들이 성관계를 갖는 이야기(창 19장), 다윗
  의 간음 이야기(삼하 11장), 동물과 성교(레 18:23), 마음속의 음욕(마 5:27-28)

 **삶에 실행하기**

1. 바른 성 이해와 성에 대한 가치관을 세우기 위해 내가 훈련해야 할 일이
   있다면 무엇입니까? 현재 성에 대한 나의 고민은 무엇입니까?

실천을 위한 Tip

성에 대한 나의 생각은?

- 성에 대한 생각을 점검하며 서로 이야기를 나누어 보십시오.

  - 성에 대한 나의 고민을 이야기해 보십시오.[자위행위, 신체적 고
    민(월경, 포경수술, 몽정 등), 성적 충동과 유혹, 성관계, 인터넷 등
    매체를 통한 음란행위, 간음]

  - 나는 성지식을 어디서 얻고 있습니까?

    (TV, 선생님, 친구, 잡지, 책, 인터넷, 언론 매체, 부모, 기타)

  - 성행위의 목적을 무엇이라고 생각합니까?

  - 다음은 잘못된 성관계들인데 이것들의 문제점을 말해 보십시오.

    (동성애, 간음, 매춘, 불륜, 강간, 혼전 성관계, 짐승과 성접촉, 근친
    상간 등)

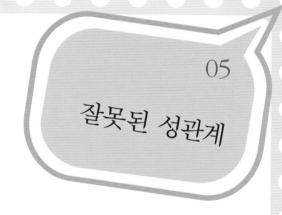

05

잘못된 성관계

 마음열기

1. 그림을 보고 서로 관계 있는 것과 연결해 보십시오.

- 간음   • 이성의 육체에 대한 성적 욕망

- 정욕   • 여자와 성적인 관계를 맺는 것을 지나치게 좋아하는 성향

- 음란   • 결혼한 남녀가 배우자가 아닌 이성과 성관계를 갖는 것

- 호색   • 음란한 짓을 함

- 음행   • 음탕하고 난잡함

2. 위의 내용 중에서 내가 가장 약한 모습을 말해 보십시오.

말씀과 소통하기

• 사무엘하 11:1-5을 읽으세요.

1 그 해가 돌아와 왕들이 출전할 때가 되매 다윗이 요압과 그에게 있
는 그의 부하들과 온 이스라엘 군대를 보내니 그들이 암몬 자손을
멸하고 랍바를 에워쌌고 다윗은 예루살렘에 그대로 있더라
2 저녁 때에 다윗이 그의 침상에서 일어나 왕궁 옥상에서 거닐다가 그
곳에서 보니 한 여인이 목욕을 하는데 심히 아름다워 보이는지라
3 다윗이 사람을 보내 그 여인을 알아보게 하였더니 그가 아뢰되 그는
엘리암의 딸이요 헷 사람 우리아의 아내 밧세바가 아니니이까 하니
4 다윗이 전령을 보내 그 여자를 자기에게로 데려오게 하고 그 여자가
그 부정함을 깨끗하게 하였으므로 더불어 동침하매 그 여자가 자기
집으로 돌아가니라
5 그 여인이 임신하매 사람을 보내 다윗에게 말하여 이르되 내가 임신
하였나이다 하니라

1. 다윗은 지금 어떤 상태입니까?(1-2)

2. 다윗을 유혹한 것은 무엇입니까?(2)

3. 다윗은 자기의 마음을 뒤흔든 여자가 자기에게 충실한 부하의 아내임을
   알았음에도 그 여자를 어떻게 했습니까?(3)

4. 다윗은 그 여자와 동침함으로 잘못된 성관계를 가졌습니다(간음). 그 결과
   어떻게 되었습니까?(5)

•POINT•

간음은 하나님이 짝지어 주신 것을 파괴하는 악한 행위입니다. 성적 도둑질입니다.
또한 거짓말, 살인까지 갈 수 있는 아주 위험한 일입니다. 이것은 모두 탐욕에서 나오
는 것입니다. 물질과 권력만 탐욕에 잡히는 것이 아닙니다. 성도 탐욕이 들어가면 패
망하게 됩니다.

말씀과 공감하기

1. 다윗이 잘못된 성관계를 갖게 된 이유를 말해 보십시오. 다윗의 가장 큰
   문제점은 무엇입니까? 나중에 하나님이 다윗에게 어떤 형벌을 내리는지
   말해 보십시오.

 말씀 Tip

"이제 네가 나를 업신여기고 헷 사람 우리아의 아내를 빼앗아 네 아내로
삼았은즉 칼이 네 집에서 영원토록 떠나지 아니하리라 하셨고 여호와께
서 또 이와 같이 이르시기를 보라 내가 너와 네 집에 재앙을 일으키고 내
가 네 눈 앞에서 네 아내를 빼앗아 네 이웃들에게 주리니 그 사람들이 네
아내들과 더불어 백주에 동침하리라"(삼하 12:10-12)

"오직 각 사람이 시험을 받는 것은 자기 욕심에 끌려 미혹됨이니 욕심이
잉태한즉 죄를 낳고 죄가 장성한즉 사망을 낳느니라"(약 1:14-15)

 삶에 실행하기

1. 성을 절제하지 못하면 성충동으로 뜻하지 않은 죄를 저지를 수 있습니다.
성적 죄를 저지르지 않기 위한 나의 예방자세는 무엇입니까?
현재 나를 힘들게 하고 절제가 잘 안되는 성 충동이 있다면 무엇인지 이
야기해 보십시오.

실천을 위한 Tip

마음에 정욕을 품었다면 속히 그것을 이겨야 합니다 하지만 그것이
생각처럼 쉽지 않습니다. 잘못된 성관계의 유혹에 빠지지 않기 위
하여 내가 노력하고 훈련해야 할 점 세 가지를 말해 보십시오.

1)

2)

3)

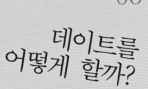

06

데이트를 어떻게 할까?

 마음열기

1. 위의 내용을 읽고 데이트에 대한 나의 생각을 말해 보십시오.

말씀과 소통하기

• 창세기 29:16-30을 읽으세요

16 라반에게 두 딸이 있으니 언니의 이름은 레아요 아우의 이름은 라헬이라

17 레아는 시력이 약하고 라헬은 곱고 아리따우니

18 야곱이 라헬을 더 사랑하므로 대답하되 내가 외삼촌의 작은 딸 라헬을 위하여 외삼촌에게 칠 년을 섬기리이다

19 라반이 이르되 그를 네게 주는 것이 타인에게 주는 것보다 나으니 나와 함께 있으라

20 야곱이 라헬을 위하여 칠 년 동안 라반을 섬겼으나 그를 사랑하는 까닭에 칠 년을 며칠같이 여겼더라

21 야곱이 라반에게 이르되 내 기한이 찼으니 내 아내를 내게 주소서 내가 그에게 들어가겠나이다

22 라반이 그 곳 사람을 다 모아 잔치하고

23 저녁에 그의 딸 레아를 야곱에게로 데려가매 야곱이 그에게로 들어가니라

24 라반이 또 그의 여종 실바를 그의 딸 레아에게 시녀로 주었더라

25 야곱이 아침에 보니 레아라 라반에게 이르되 외삼촌이 어찌하여 내게 이같이 행하셨나이까 내가 라헬을 위하여 외삼촌을 섬기지 아니하였나이까 외삼촌이 나를 속이심은 어찌됨이니이까

26 라반이 이르되 언니보다 아우를 먼저 주는 것은 우리 지방에서 하지 아니하는 바이라

27 이를 위하여 칠 일을 채우라 우리가 그도 네게 주리니 네가 또 나를 칠 년 동안 섬길지니라

28 야곱이 그대로 하여 그 칠 일을 채우매 라반이 딸 라헬도 그에게 아내로 주고

29 라반이 또 그의 여종 빌하를 그의 딸 라헬에게 주어 시녀가 되게 하매

30 야곱이 또한 라헬에게로 들어갔고 그가 레아보다 라헬을 더 사랑하여 다시 칠 년 동안 라반을 섬겼더라

1. 야곱은 라반의 두 딸 중에서 라헬에게 마음이 더 끌렸는데 어떤 점에서 그랬는지 이야기해 보십시오. 아울러 야곱은 라헬의 아버지 라반에게 어떤 조건을 제시하면서 라헬을 자기에게 달라고 말했습니까?(16-18)

2. 야곱은 칠 년 동안 라반을 위하여 봉사했는데 그 칠 년을 며칠같이 여겼습니다. 그 이유는 무엇입니까?(19-20)

3. 야곱은 라헬과의 결혼, 즉 공식적인 성적 관계를 언제 어떻게 허락받았습니까?(21-23, 30)

4. 라반은 왜 동생 라헬이라고 속여 언니인 레아와 야곱이 결혼하게 했습니까?(26)

●POINT●

데이트는 남녀관계를 서로 배우고 이해하는 과정입니다. 그러므로 결혼하기 전까지 성급한 성관계는 위험합니다. 특히 십대의 이성 교제는 성관계에서 분명한 선을 지켜야 합니다. 서로를 존중하며 다른 성을 이해하는 교제의 시간을 가지는 것이 필요합니다.

말씀과 공감하기

1. 데이트와 결혼은 다릅니다. 성적 관계는 결혼의 때 공식적인 시간까지 미루어야 합니다. 왜 그렇다고 봅니까? 건전한 데이트를 하기 위한 나름대로의 지침을 말해 보십시오. 특히 십대 때 공부와 데이트는 어떻게 조화를 이루어야 합니까?

 말씀 Tip

"또한 너는 청년의 정욕을 피하고 주를 깨끗한 마음으로 부르는 자들과 함께 의와 믿음과 사랑과 화평을 따르라"(딤후 2:22)

"그런즉 너희가 먹든지 마시든지 무엇을 하든지 다 하나님의 영광을 위하여 하라…나와 같이 모든 일에 모든 사람을 기쁘게 하여 자신의 유익을 구하지 아니하고 많은 사람의 유익을 구하여 그들로 구원을 받게 하라"(고전 10:31, 33)

삶에 실행하기

1. 데이트는 상대방보다 사실 나를 훈련하는 기간입니다. 섬김과 자기를 낮추는 훈련이 필요한데 나는 데이트를 통하여 어떤 것을 기대합니까? 아울러 데이트를 하면서 할 수 있는 일들을 적어 보십시오.(함께 공부하기, 장래의 꿈 발견, 스포츠, 찬양 모임, 기도회 참석, 예배와 성경공부 모임 참석 등)

실천을 위한 Tip

그리스도인의 데이트 원칙

• 내가 생각하는 그리스도인의 건전한 데이트를 위한 원칙을 정해서 말해 보십시오.

1)

2)

3)

4)

5)

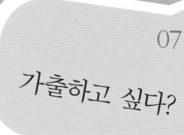

 마음열기

1. 위의 '가출 충동'의 내용을 읽고 물음에 답해 보십시오.

• 나는 가출의 충동을 느낀 적이 있었습니까?

• 있었다면 어느 때였습니까? 그 이유는 무엇입니까?

• 내가 가출하지 않은 가장 큰 이유는 무엇입니까?

• 가출한 친구들에게 어떤 말을 해주고 싶습니까?

말씀과 소통하기

•누가복음 15:11-24을 읽으세요.

11 또 이르시되 어떤 사람에게 두 아들이 있는데

12 그 둘째가 아버지에게 말하되 아버지여 재산 중에서 내게 돌아올 분
     깃을 내게 주소서 하는지라 아버지가 그 살림을 각각 나눠 주었더니

13 그 후 며칠이 안 되어 둘째 아들이 재물을 다 모아 가지고 먼 나라에
     가 거기서 허랑방탕하여 그 재산을 낭비하더니

14 다 없앤 후 그 나라에 크게 흉년이 들어 그가 비로소 궁핍한지라

15 가서 그 나라 백성 중 한 사람에게 붙여 사니 그가 그를 들로 보내
     어 돼지를 치게 하였는데

16 그가 돼지 먹는 쥐엄 열매로 배를 채우고자 하되 주는 자가 없는지라

17 이에 스스로 돌이켜 이르되 내 아버지에게는 양식이 풍족한 품꾼이
     얼마나 많은가 나는 여기서 주려 죽는구나

18 내가 일어나 아버지께 가서 이르기를 아버지 내가 하늘과 아버지께
     죄를 지었사오니

19 지금부터는 아버지의 아들이라 일컬음을 감당하지 못하겠나이다
     나를 품꾼의 하나로 보소서 하리라 하고

20 이에 일어나서 아버지께로 돌아가니라 아직도 거리가 먼데 아버지
     가 그를 보고 측은히 여겨 달려가 목을 안고 입을 맞추니

21 아들이 이르되 아버지 내가 하늘과 아버지께 죄를 지었사오니 지금
     부터는 아버지의 아들이라 일컬음을 감당하지 못하겠나이다 하나

22 아버지는 종들에게 이르되 제일 좋은 옷을 내어다가 입히고 손에
     가락지를 끼우고 발에 신을 신기라

23 그리고 살진 송아지를 끌어다가 잡으라 우리가 먹고 즐기자

24 이 내 아들은 죽었다가 다시 살아났으며 내가 잃었다가 다시 얻었
     노라 하니 그들이 즐거워하더라

1. 아버지가 둘째 아들에게 재산을 나누어 주자 둘째 아들은 그것을 가지고 어떻게 했습니까?(11-13)

2. 집을 가출한 둘째 아들은 재산을 다 허비하여 나중에 어떤 상태가 되었습니까?(14-16)

3. 둘째 아들은 자기의 잘못을 어떻게 회개했는지 그 과정을 말해 보십시오.(17-19)

4. 아버지는 둘째 아들이 돌아오자 어떻게 맞이했습니까?(20-24)

•POINT•

가출은 인간의 욕심에서 일어나는 것입니다. 자기 마음대로 살고자 하는 욕구를 이기지 못해 가출합니다. 십대 시기는 부모 밑에서 자기를 죽이며 훈련하는 기간으로 삼는 것이 유익합니다. 거기서 인내와 오래 참음과 자기를 죽이는 연단이 이루어집니다. 자기 마음대로 살면 고집쟁이가 되어 나중에 더 힘든 상태가 될 수 있습니다.

말씀과 공감하기

1. 가출이 주는 위험성은 무엇입니까? 왜 십대들이 가출을 한다고 봅니까?
   우리는 영적으로 하나님을 떠나 가출할 때가 있습니다. 어떤 경우에 영적
   가출이 되는지 말해 보십시오.

 말씀 Tip

"우리는 다 양 같아서 그릇 행하여 각기 제 길로 갔거늘 여호와께서는 우
리 모두의 죄악을 그에게 담당시키셨도다"(사 53:6)

"이스라엘 자손이 여호와께 부르짖어 이르되 우리가 우리 하나님을 버리
고 바알들을 섬김으로 주께 범죄하였나이다"(삿 10:10)

"오직 각 사람이 시험을 받는 것은 자기 욕심에 끌려 미혹됨이니 욕심이
잉태한즉 죄를 낳고 죄가 장성한즉 사망을 낳느니라"(약 1:14-15)

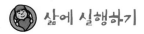 삶에 실행하기

1. 십대의 가출 충동과 부모님과 어른들에게 간섭받지 않으려는 행동은 어떤 점에서 위험한지 이야기해 보십시오. 또한 가출 충동을 이기기 위한 나의 방법은 무엇입니까?

실천을 위한 Tip

마귀의 전략 3계명에 대한 나의 대답은?

1계명-모든 것을 네가 하고 싶은 대로 인생을 즐겨라.

•나의 대답:

2계명-하나님을 떠나 인간 스스로 독립하여 살라.

•나의 대답:

3계명-네가 주인이 되어 사는 것이 최고의 삶이다.

•나의 대답:

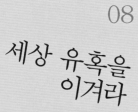

08

세상 유혹을 이겨라

 마음열기

• 술 때문에 생긴 일

1. 위의 그림을 보고 느낀 점을 말해 보십시오.

 말씀과 소통하기

• 고린도전서 6:12-20을 읽으세요.

12 모든 것이 내게 가하나 다 유익한 것이 아니요 모든 것이 내게 가하나 내가 무엇에든지 얽매이지 아니하리라

13 음식은 배를 위하여 있고 배는 음식을 위하여 있으나 하나님은 이것 저것을 다 폐하시리라 몸은 음란을 위하여 있지 않고 오직 주를 위하여 있으며 주는 몸을 위하여 계시느니라

14 하나님이 주를 다시 살리셨고 또한 그의 권능으로 우리를 다시 살리시리라

15 너희 몸이 그리스도의 지체인 줄을 알지 못하느냐 내가 그리스도의 지체를 가지고 창녀의 지체를 만들겠느냐 결코 그럴 수 없느니라

16 창녀와 합하는 자는 그와 한 몸인 줄을 알지 못하느냐 일렀으되 둘이 한 육체가 된다 하셨나니

17 주와 합하는 자는 한 영이니라

18 음행을 피하라 사람이 범하는 죄마다 몸 밖에 있거니와 음행하는 자는 자기 몸에 죄를 범하느니라

19 너희 몸은 너희가 하나님께로부터 받은 바 너희 가운데 계신 성령의 전인 줄을 알지 못하느냐 너희는 너희 자신의 것이 아니라

20 값으로 산 것이 되었으니 그런즉 너희 몸으로 하나님께 영광을 돌리라

1. 사람들은(흔히 십대의 시기는) 무엇이든 할 수 있는 자유가 있다고 말하는데 이런 사람들에게 주는 성경적 지침은 무엇입니까?(12-13)

2. 구원받은 우리는 누구의 한 지체가 되게 하셨습니까?(14-15)

3. 우리는 거룩한 주님의 몸과 연합되었습니다. 그런데 그 몸으로 술이나 담배나 약물이나 잘못된 성관계를 갖는 것은 결국 무엇과 합하는 것이 됩니까?(16-18)

4. 우리의 몸은 하나님으로부터 받은 것입니다. 우리는 무엇과 같습니까? 아울러 우리의 몸은 우리의 것이 아닌 누구의 것입니까? 우리는 몸을 어떻게 사용해야 합니까?(19-20)

•POINT•

죄는 자기 마음대로 사는 것입니다. 인간은 죄인이기에 늘 하나님의 뜻을 떠나 자기 방식을 고집하며 살려고 합니다. 모든 것은 정해진 법칙대로 살아야 합니다. 인간의 몸도 정해진 원칙을 거스르면 병이 납니다. 하나님을 떠나면 인생은 멸망하게 됩니다. 힘들어도 법대로 사는 것이 제대로 사는 길입니다.

말씀과 공감하기

1. 왜 우리가 술, 담배, 약물, 성, 게임, 인터넷, 스마트폰 등에 중독이 되면 안
   되는지 그 이유를 말해 보십시오.

 말씀 Tip

"포도주는 거만하게 하는 것이요 독주는 떠들게 하는 것이라 이에 미혹되
는 자마다 지혜가 없느니라"(잠 20:1)

"술을 즐겨 하는 자들과 고기를 탐하는 자들과도 더불어 사귀지 말라 술
취하고 음식을 탐하는 자는 가난하여질 것이요 잠자기를 즐겨 하는 자는
해어진 옷을 입을 것임이니라"(잠 23:20-21)

"대저 음녀는 깊은 구덩이요 이방 여인은 좁은 함정이라"(잠 23:27)

삶에 실행하기

1. 나는 세상의 유혹을 어떻게 이기고 있으며, 내가 이기기 힘든 유혹은 어떤 것입니까? 이런 것들에서 벗어날 수 있는 효과적인 방법이 있으면 조언을 해주세요.

실천을 위한 Tip

세상의 유혹(사탄의 미혹)을 이기기 위한
나의 처방전

- 술에 대해서

- 흡연에 대해서

- 약물(본드)이나 마약에 대해서

- 게임과 도박에 대해서

- 성적 즐거움(혼전 성관계, 자위, 채팅, 야동과 음란물 등)

- 휴대폰과 인터넷에 대해서

1. 위의 내용을 읽고 자살에 대한 나의 생각을 자유롭게 말해 보십시오.

말씀과 소통하기

1. 가룟 유다가 대제사장과 장로들에게 예수님을 은 삼십에 팔아 넘긴 후 예
   수님은 어떻게 되었습니까?(1-2)

2. 예수님이 빌라도에게까지 넘겨지자 유다는 자기의 잘못을 깨닫고 스스로 뉘우치는 행동을 했는데 그것은 무엇입니까?(3-4)

3. 대제사장들과 장로들은 가룟 유다에게 무엇이라 말했습니까?(4)

4. 유다는 돌이키기 어려운 자기의 잘못을 어떤 방식으로 해결했습니까?(5)

●POINT●

동물은 자살하지 않습니다. 자살은 인간의 특권을 포기하는 것입니다. 스스로 삶을 포기하는 것은 하나님을 믿지 않기에 생기는 현상입니다. 하나님이 끝이 아니면 아직 끝이 아닙니다. 하나님이 끝내지 않는데 내가 먼저 끝을 내면 큰 죄입니다. 끝이 오히려 시작일 수 있습니다.

말씀과 공감하기

1. 가롯 유다는 왜 자살을 택했습니까? 사람들은 왜 자살을 택한다고 생각
   합니까? 자살이 왜 나쁜지 그 이유를 말해 보십시오.

 말씀 Tip

"이 사람이 불의의 삯으로 밭을 사고 후에 몸이 곤두박질하여 배가 터져
창자가 다 흘러 나온지라"(행 1:18)

"내가 모태에서 알몸으로 나왔사온즉 또한 알몸이 그리로 돌아가올지라
주신 이도 여호와시요 거두신 이도 여호와시오니 여호와의 이름이 찬송
을 받으실지니이다"(욥 1:21)

"주여 사람이 사는 것이 이에 있고 내 심령의 생명도 온전히 거기 있사오
니 원하건대 나를 치료하시며 나를 살려주옵소서"(사 38:16)

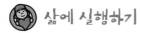 **삶에 실행하기**

1. 자살은 하나님을 보지 못하고 자신만 바라보는 데서 생기는 자기 교만의 현상입니다. 우리는 자살의 충동에서 벗어나기 위하여 자신보다는 하나님을 바라보는 훈련을 해야 합니다. 내가 평소에 해야 할 하나님을 바라보는 구체적인 영적 훈련을 말해 보십시오.

실천을 위한 Tip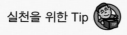

인생의 막다른 골목에 이를 때?

인생을 살면서 이기기 힘든 일을 맞이할 때 그리스도인으로서 어떻게 생각하며 문제를 해결해야 하는지 다음 성경을 읽고 그 해답을 각자 이야기해 보십시오.

"이와 같이 성령도 우리의 연약함을 도우시나니 우리는 마땅히 기도할 바를 알지 못하나 오직 성령이 말할 수 없는 탄식으로 우리를 위하여 친히 간구하시느니라 마음을 살피시는 이가 성령의 생각을 아시나니 이는 성령이 하나님의 뜻대로 성도를 위하여 간구하심이니라 우리가 알거니와 하나님을 사랑하는 자 곧 그의 뜻대로 부르심을 입은 자들에게는 모든 것이 합력하여 선을 이루느니라"(롬 8:26-28)

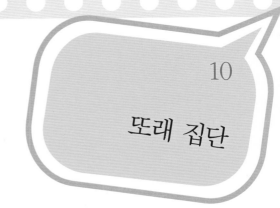

10

또래 집단

마음열기

1. 왜 집단 따돌림 현상이 생긴다고 봅니까?

2. 십대들의 또래 모임이 긍정적인 모습으로 되기 위한 좋은 방안이 있다면
   무엇입니까?

 말씀과 소통하기

•요한복음 15:18-21을 읽으세요.

18 세상이 너희를 미워하면 너희보다 먼저 나를 미워한 줄을 알라
19 너희가 세상에 속하였으면 세상이 자기의 것을 사랑할 것이나 너희
   는 세상에 속한 자가 아니요 도리어 내가 너희를 세상에서 택하였기
   때문에 세상이 너희를 미워하느니라
20 내가 너희에게 종이 주인보다 더 크지 못하다 한 말을 기억하라 사
   람들이 나를 박해하였은즉 너희도 박해할 것이요 내 말을 지켰은즉
   너희 말도 지킬 것이라
21 그러나 사람들이 내 이름으로 말미암아 이 모든 일을 너희에게 하리
   니 이는 나를 보내신 이를 알지 못함이라

1. 학교나 세상의 친구들은 종종 그리스도인인 우리들을 왜 미워하고 따돌
   립니까?(18)

2. 세상 친구들의 특징은 무엇입니까?(19)

3. 친구들 속에서 그리스도인 십대의 정체성이 무엇인지 말해 보십시오.(19)

4. 세상에서 예수님을 핍박하는 자들은 누구도 핍박하게 됩니까?(20)

•POINT•

자기 잘못 때문에 어려움 당하는 것은 부끄럽지만 믿음으로 인한 괴롭힘과 핍박은
아름다운 것입니다. 믿음으로 잘 이기고 오히려 그런 사람을 사랑하는 마음을 가지
면 나에게 큰 유익이 됩니다. 하나님의 도우심을 받을 뿐 아니라 좋은 인성과 성품을
갖는 사람이 됩니다.

말씀과 공감하기

1. 십대는 친구를 가장 중요하게 생각합니다. 그것은 또래집단에 속하려고
   하는 청소년기의 특징 때문입니다. 그래서 또래집단에서 벗어나지 않으려
   고 노력하는데 그러다 보니 자연스럽게 왕따 같은 현상들이 나타납니다.
   세상 친구들이 흔히 추구하는 세상적인 모습 중 우리가 조심해야 할 것
   들을 정리해 보십시오.

 말씀 Tip

"이 세상이나 세상에 있는 것들을 사랑하지 말라 누구든지 세상을 사랑
하면 아버지의 사랑이 그 안에 있지 아니하니 이는 세상에 있는 모든 것
이 육신의 정욕과 안목의 정욕과 이생의 자랑이니 다 아버지께로부터 온
것이 아니요 세상으로부터 온 것이라"(요일 2:15-16)

"믿음의 주요 또 온전하게 하시는 이인 예수를 바라보자 그는 그 앞에 있
는 기쁨을 위하여 십자가를 참으사 부끄러움을 개의치 아니하시더니 하
나님 보좌 우편에 앉으셨느니라 너희가 피곤하여 낙심하지 않기 위하여
죄인들이 이같이 자기에게 거역한 일을 참으신 이를 생각하라"(히 12:2-3)

"악에게 지지 말고 선으로 악을 이기라"(롬 12:21)

 **삶에 실행하기**

1. 또래 모임에서 그리스도인으로서 가장 견디기 힘든 것은 무엇입니까? 또 래들에게 자칫 소외될 것 같은(왕따를 당하는) 경험이나 두려움은 없었습니까? 어떻게 하면 이런 것을 이길 수 있는지 이야기해 보십시오.

실천을 위한 Tip

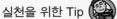 악한 사람들에 대한 대처법

다음은 악한 주변 사람들에 대한 그리스도인의 행동지침을 말하고 있습니다. 성경을 찾아 빈칸을 채워 보세요

"악을 행하는 자들 때문에 _____ 하지 말며 불의를 행하는 자들을 _____ 하지 말지어다

그들은 풀과 같이 _____ 베임을 당할 것이며 푸른 채소같이 쇠잔할 것임이로다

여호와를 의뢰하고 _____ 을 행하라 땅에 머무는 동안 그의 성실을 먹을거리로 삼을지어다

또 여호와를 기뻐하라 그가 네 마음의 _____ 을 네게 이루어 주시리로다

네 길을 여호와께 맡기라 그를 의지하면 그가 이루시고

네 의를 빛같이 나타내시며 네 공의를 정오의 빛같이 하시리로다

여호와 앞에 잠잠하고 _____ 기다리라 자기 길이 형통하며 악한 꾀를 이루는 자 때문에 _____ 하지 말지어다 _____ 을 그치고 노를 버리며 불평하지 말라 오히려 악을 만들 뿐이라

진실로 악을 행하는 자들은 _____ 질 것이나 여호와를 소망하는 자들은 땅을 차지하리로다 (시 37:1-6)